Atelier Flora

ABC

Ein magisches Mitmachbuch

IM ZAUBERWALD

KRISTINA BRASSELER · JUDITH DREWS · ANDREA PETER

DAS SIND MOMO, PAULI UND ELLA.
SIE SIND SEHR GUTE FREUNDE UND
LEBEN AN EINEM GANZ BESONDEREN
ORT AUF DIESER WELT.
VERSTECKT HINTER ZWEI BERGEN,
DREI MEEREN, EINEM FLUSS UND
FÜNF WIESEN LIEGT IHR ZUHAUSE:

DER ZAUBERWALD!

+

ÜBERALL, WO DU DAS PLUSZEICHEN
IM BUCH SIEHST, GIBT ES EINE ZUSÄTZLICHE
AUFGABE, MIT DER DU DEINE
GESCHICKLICHKEIT TRAINIEREN
KANNST. VIEL SPASS!

PAULI

MOMO

ELLA

ACHT ALBERNE AFFEN
TURNEN AUF DEN ÄSTEN.
DREI ÄSTE SEHEN AUS WIE
EIN A. FINDEST DU SIE?
ZEICHNE SIE NACH!

AFFE

AST

BAUM

BIENE

DER BÄR BEGRÜSST DIE FREUNDE MIT EINEM FREUNDLICHEN BRUMMEN.

B

BÄR

BLUME

ELLA, PAULI UND MOMO
HABEN BUNTE GESCHENKE DABEI.
SUCHE DEN BUCHSTABEN B
UND MALE IHN NACH.

BUNTSTIFTE

BLUMEN

ERDBEEREN

BUTTERKEKSE

BALLONS

TEDDYBÄR

WAS IST DAS FÜR EIN GERÄUSCH?
DER BIBER BERT KNABBERT AN EINEM BAUM.
ZEICHNE DIE LECKERBISSEN NACH!

IN DIESER ZEILE KANNST DU DAS B SCHREIBEN ÜBEN.

CHAMÄLEON

HOLZ MAG DAS CHAMÄLEON
GAR NICHT. ES LIEBT CHILI!

CHILI

CONTAINER

EIN MÄDCHEN SPIELT CELLO. DIE BLÜTENBLÄTTER DER CHRISTROSEN SEHEN AUS WIE VIELE C. ZEICHNE SIE NACH.

CHRISTROSE

CELLO

ZUM CELLO SINGEN DIE CHAMPIGNONS IM CHOR.
DAS KLINGT ZIEMLICH CHAOTISCH!
SCHNEIDE GANZ VIELE C AUS ZEITUNGEN AUS
UND KLEBE SIE HIER EIN.

DRACHE

DER DRACHE DANI
HAT SCHUPPEN, DIE
AUSSEHEN WIE VIELE D.
ZEICHNE SEINEN KÖRPER
VOLL MIT BUNTEN D!

KANNST
DU MIT DEN
FÜSSEN EINEN
BUCHSTABEN
SCHREIBEN?

DRECKIG

DICK

DUSSLIG

DAS GIBTS DOCH NICHT!
DREI DIEBISCHE DACHSE HABEN EINEN DALMATINER
UND EINEN SACK VOLLER D GESTOHLEN.
DER DRACHE DANI VERJAGT SIE!

DANN KEHRT RUHE EIN IM ZAUBERWALD
UND EIN ECHTES EINHORN ERSCHEINT.

EINHORN

ELFE

EICHEL

DAS EICHHÖRNCHEN SCHNAPPT SICH ALLE EICHELN MIT EINEM E. EY! MANCHE E SIND FALSCH GESCHRIEBEN. STREICHE DIE FALSCHEN DURCH.

EICHHÖRNCHEN

ENGEL

E

KLEINE ENGEL STEIGEN AUS DEM WALD EMPOR! VERSTÄRKE IHRE LEITERN. MALE SIE NACH.

EULE

FELS

FLIEGEN

F

FEUER

WEITER UNTEN AM
FLUSS RUND UMS
FEUER WIRD ES
FÜRCHTERLICH
GEMÜTLICH ...

FURZ

IM FLUSS SCHWIMMT JEDE MENGE FIRLEFANZ! SUCHE DIE DINGE, DIE MIT F ANFANGEN, UND KREISE SIE EIN!

FUCHS

FEE

FUßBALL

FAULENZEN

IN DIESER ZEILE KANNST DU DAS F SCHREIBEN ÜBEN.

F F

FEDERN FALLEN VOM HIMMEL!
FRAU HOLLE SCHÜTTELT IHR KISSEN AUS.
IN WELCHEN FEDERN FINDEST DU EIN F?
UMKREISE SIE.

GEISTERSCHIFF

GESPENST

GOLD

DA TAUCHT EIN GEISTER-SCHIFF HINTER DEM GARTEN AUF! FINDE ALLE ZEHN G.

DIE KLEINE HEXE IST AUF DEM WEG ZUR HELLSEHERIN.
SIE SIEHT VIELE DINGE IN IHRER KUGEL.
WELCHE BEGINNEN MIT EINEM H? KREISE SIE EIN.

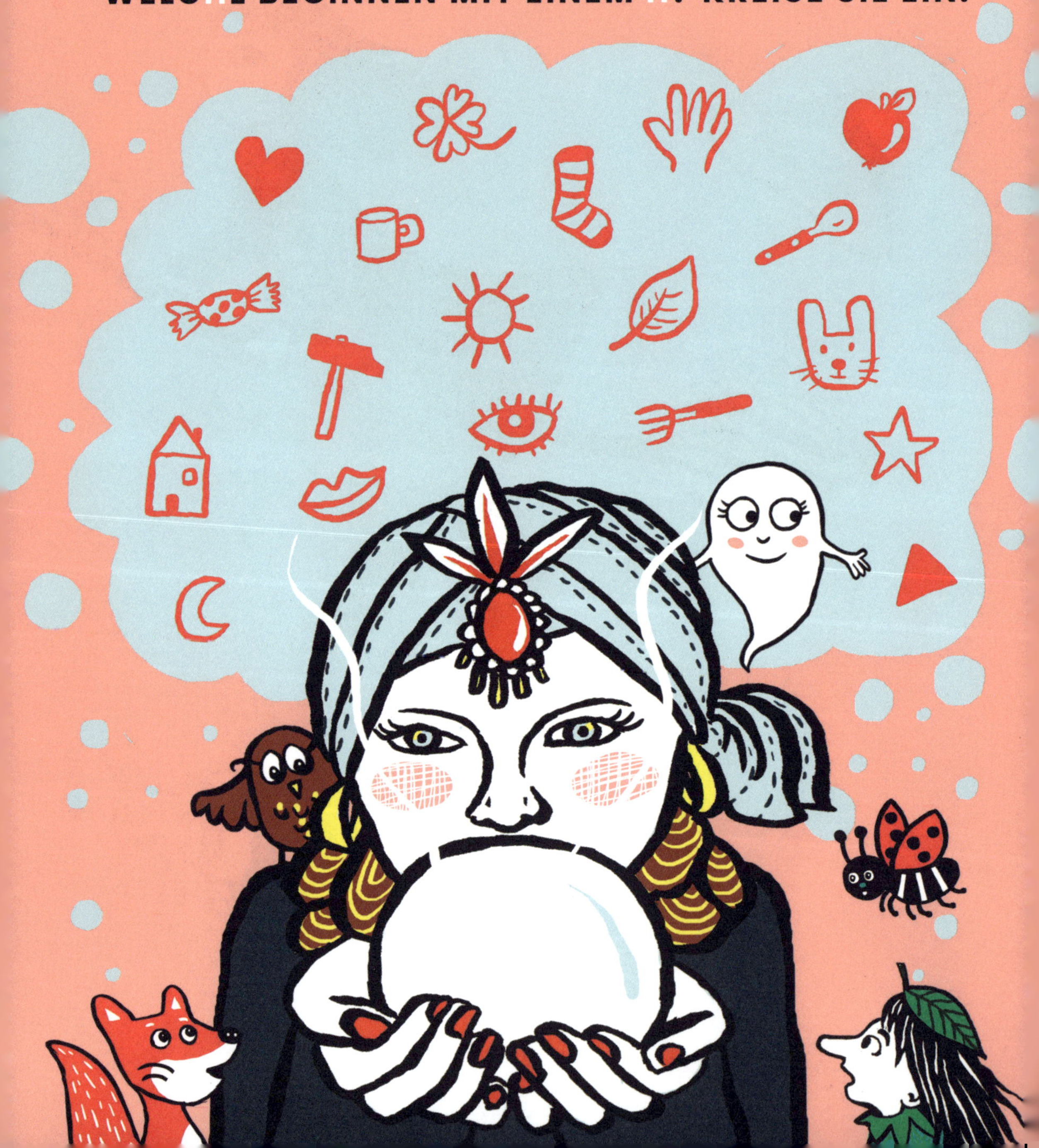

INSEL

IGUANODON

I, WIE EKLIG! WER HAT HIER HINGEMACHT?
ES STINKT SCHRECKLICH, WENN DU MIT EINEM
STOCK IN DER TIERKACKA HERUMSTOCHERST.
DIE INSEKTEN FINDEN ES LECKER.
ZEICHNE DIE STÖCKE NACH!

IGITT!

ZWEI IGEL LAUFEN ÜBER DEN WEG –
ZEICHNE DIE FEHLENDEN
STACHELN UND LASS NOCH ETWAS
MEHR GRAS WACHSEN.

JAGDHÜTTE

JAGDHORN
JÄGERIN

JOJO

DA ERTÖNT EIN
JAGDHORN.
ES IST JANA,
DIE JÄGERIN.

JUHU! DIE JAGD AUF DIE LECKERSTEN JOHANNISBEEREN BEGINNT. DIE ÄSTE SEHEN AUS WIE EIN J. MALE SIE NACH!

JOHANNISBEEREN

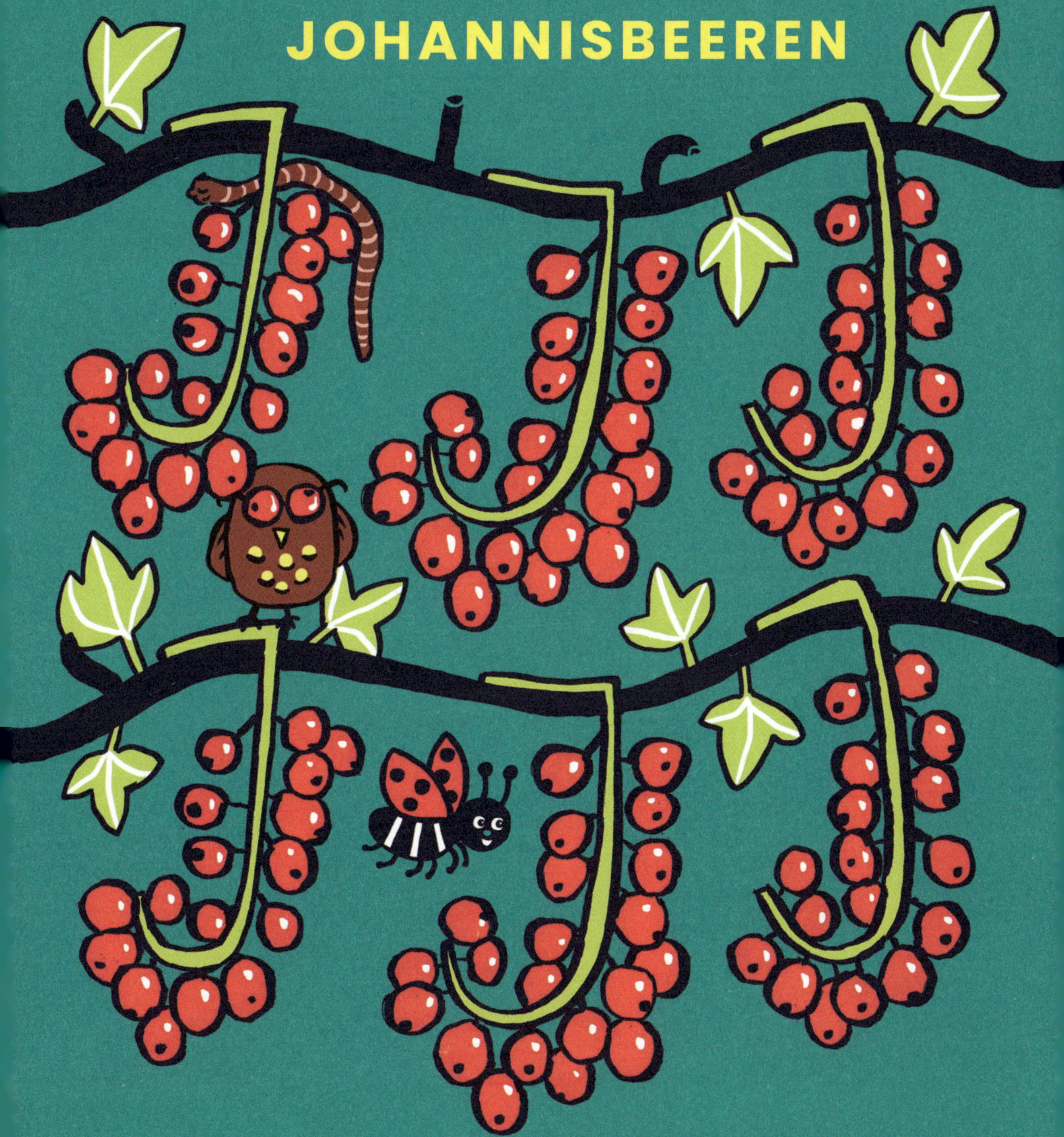

HIER KANNST DU DEN BUCHSTABEN J SCHREIBEN ÜBEN.

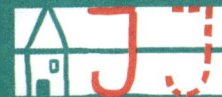

DA KOMMT EIN HASE MIT GEWEIH VORBEI.
IN AMERIKA NENNT MAN DIESES WESEN JACKALOPE.
MALE ALLE J BUNT AN.

JACKALOPE

KAMIN

KRÖTE

KEKS

AUF EINEM
KNUSPERHÄUSCHEN
SITZT EINE KRÖTE.
DIE FREUNDE FINDEN
DAS KOMISCH.

IM KNUSPERHÄUSCHEN WOHNT DER
KLEINE KOBOLD. ER FRISST ALLE K!
KANNST DU SIE IN DIE LEEREN KÄSTCHEN SCHREIBEN?

KÖNIG

KRONE

NEBENAN LEBT DER KLEINE
KÖNIG KARL. ER TRÄGT EINE
KOSTBARE KRONE.
VERZIERE SIE MIT VIELEN K.

LICHT

LEUCHT-
TURM

LUSTIG WIRD ES AM
LEUCHTTURM, WENN
ALLE MIT DEM LUCHS
LIEDER SINGEN.

LUCHS

LANGSAM WIRD DAS DEM LAMA ZU VIEL.
ES SPUCKT GANZ VIELE L!
SUCHE IN ZEITUNGEN NACH L.
SCHNEIDE SIE AUS UND KLEBE SIE HIER EIN!

LAMA

LIANEN

LOKOMOTIVE

LANGSAM TUCKERT EINE LUSTIGE LOKOMOTIVE
VORÜBER. MALE IHREN RAUCH GRAU AUS.

MINA, DAS MONSTER AUS DEM MOOR, SIEHT MORDSMÄßIG GEFÄHRLICH AUS. ABER KEINE ANGST! ES FRISST NUR MOORPFLANZEN.

MONSTER

MARIEN-KÄFER

MOOR

MELONE

MONDFISCH

MUSCHEL

HIER KANNST DU DEN BUCHSTABEN M SCHREIBEN ÜBEN

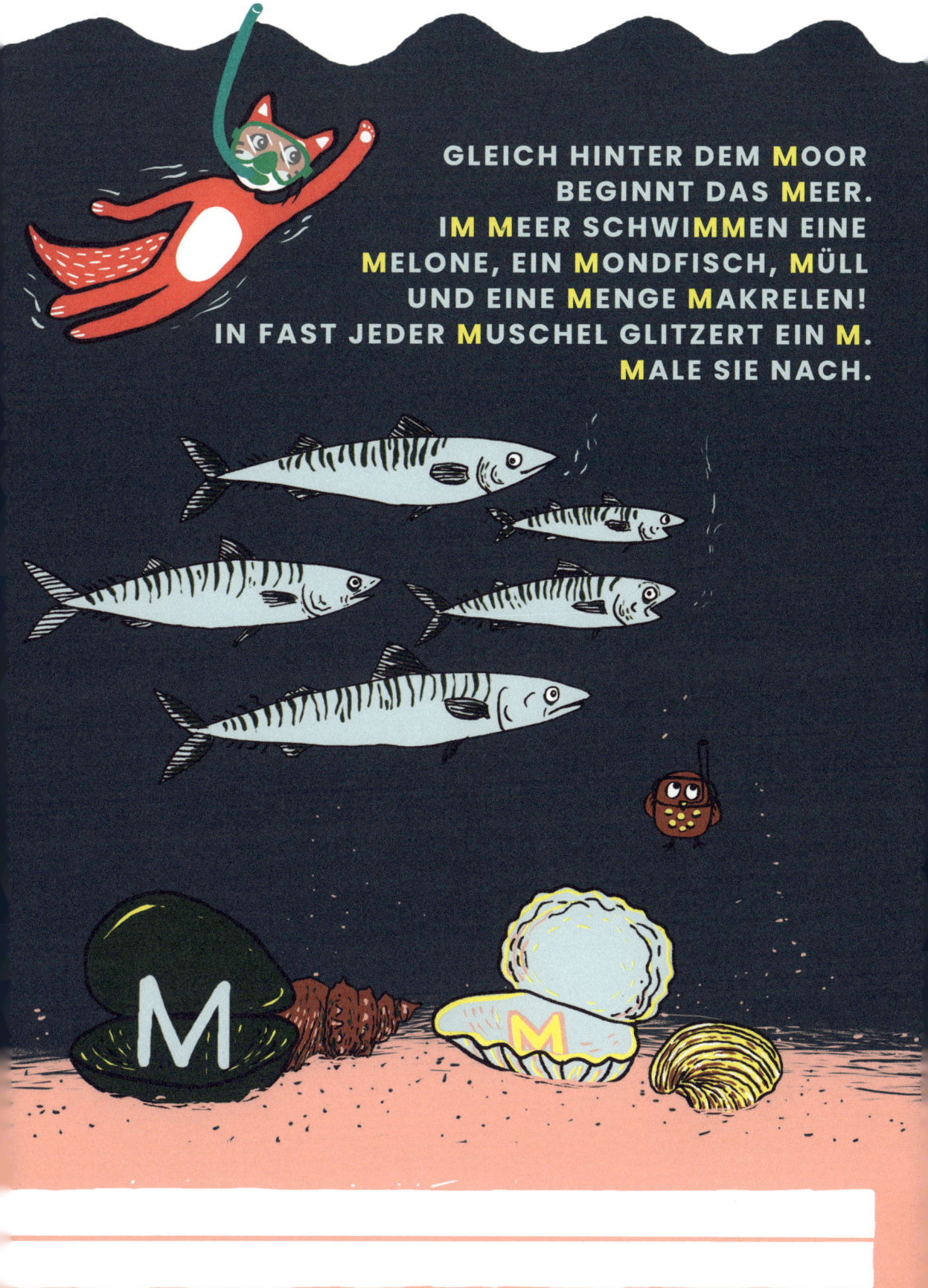

GLEICH HINTER DEM MOOR BEGINNT DAS MEER. IM MEER SCHWIMMEN EINE MELONE, EIN MONDFISCH, MÜLL UND EINE MENGE MAKRELEN! IN FAST JEDER MUSCHEL GLITZERT EIN M. MALE SIE NACH.

NEBEL

NASS

NASE

SO VIEL NEBEL!
DA SIEHT MAN KAUM DIE EIGENE NASE!

DIE NIXEN SITZEN HOCH AUF EINEM BAUM UND SPIELEN HARFE. ZEICHNE IHRE LEITERN NACH.

NACHT

NACHTIGALL

NACHTS VERSCHWINDET DER NEBEL UND DIE NACHTIGALL SINGT. ZEICHNE DEN GESANG DER NACHTIGALL IN DEINER LIEBLINGS-FARBE NACH.

NACKT

KANNST DU EIN N AUS DEINEN FINGERN FORMEN? MIT WELCHEN BUCHSTABEN KLAPPT DAS NOCH?

OSTWIND

OOOOH –
EIN WIND
KOMMT AUF!

OHREN

DEM
OSTERHASEN
FLIEGEN
DIE EIER
DAVON.

OSTERHASE

DER OSTWIND WIRBELT ALLES DURCHEINANDER.
FINDE DIE GEGENSTÄNDE, DIE RUND WIE EIN O SIND,
UND KREISE SIE EIN.

ZUR STÄRKUNG GIBT ES EINE ORDENTLICHE SUPPE.
ABER ERST NOCH UMRÜHREN – NIMM DAZU SO VIELE
STIFTE IN EINE HAND, WIE DU KANNST!

PALME

PAPAGEI

P

PICKNICK

DIE FREUNDE HABEN EIN SCHÖNES
PLÄTZCHEN UNTER PALMEN GEFUNDEN.

PERLEN

PIRAT

PRINZESSIN

OH, DA KOMMT SOGAR EINE PRINZESSIN VORBEI!
MALE ALLE P IN DEN PERLEN BUNT AN.

PLITSCH, PLATSCH, WIE DAS REGNET!

DER PEGASUS IST PITSCHNASS.
ER BRAUCHT EINE PAUSE.
ZEICHNE IHM EINEN PLATZ AUS
LAUTER P UND MALE IHN AUS.

AM SEE SITZEN ZWEI LEUTE UND QUATSCHEN.
DIE QUIETSCHENTE DENKT:
WAS FÜR EINEN QUARK DIE QUASSELN!
SCHREIBE ZU JEDEM PUNKT EIN Q.

SO EIN QUARK!

EIN CHINESISCHES EINHORN – EIN QUILIN – SCHWEBT HERAN. ZEICHNE DIE SPRECHBLASEN NACH UND SCHREIBE Q HINEIN.

ZWEI **R**ÄUBE**R**INNEN UND EIN **R**ÄUBER MACHEN **R**ADAU!
SIE **R**UFEN, **R**OTZEN UND **R**ÜLPSEN LAUT.
IN DE**R** **R**ÄUBE**R**HÖHLE HABEN SIE ZEHN **R**
VE**R**STECKT. FINDEST DU SIE? ZEICHNE SIE NACH.

RHABARBER

REGENWURM

HIER KANNST DU DEN BUCHSTABEN **R** SCHREIBEN ÜBEN.

DAS **R**OTKÄPPCHEN PFLÜCKT **R**OTE **R**OSEN.
DA **R**ENNT EIN **R**ITTER VORBEI UND **R**UFT:
„**R**ETTET MICH VO**R** DEN **R**ÄUBE**R**N!"

SCH**R**EIBE DIE **R** AUF
DEM **R**ASEN NACH
UND MALE DIE FIGU**R**EN AUS.

SCHMETTERLING

STEIN

S

SCHNECKE

SCHLANGE

DIE FREUNDE STAUNEN:
SECHS SCHMETTERLINGE
UND SIEBEN SCHNECKEN
EROBERN EINEN STEIN.

OJE!

OJE!

WOHER KOMMEN PLÖTZLICH
DIE SCHLANGEN IM GRAS?
NIMM EINEN STIFT UND ZEICHNE
IHRE KÖRPER BUNT NACH.

ZEIT FÜR EINEN KLEINEN SNACK!
SUCHE DEN BUCHSTABEN S
UND KREISE IHN EIN.

SALAMI

SAFT

ERDNÜSSE

SALZ-
STANGEN

SALATGURKE

SCHOKOLADE

WASSER-
MELONE

SPRUDEL

SALZI

IM TIEFSTEN TANNENWALD STEHT DIESER TOLLE TURM.

TEUFEL

TAUBE

TANNE

TURM

TROLL

OBEN IM TURM IST DAS TAUBENCAFÉ. DORT GIBT ES
TÖRTCHEN UND TEE. HIER HAT SICH SECHSMAL DER
BUCHSTABE T VERSTECKT! ZEICHNE IHN NACH.

TROLL TINA
HAT EINEN TRAUM:
EIN TANZENDER
TAUSENDFÜßLER
JONGLIERT MIT T.

SCHREIBE ZU JEDEM
PUNKT EIN T.

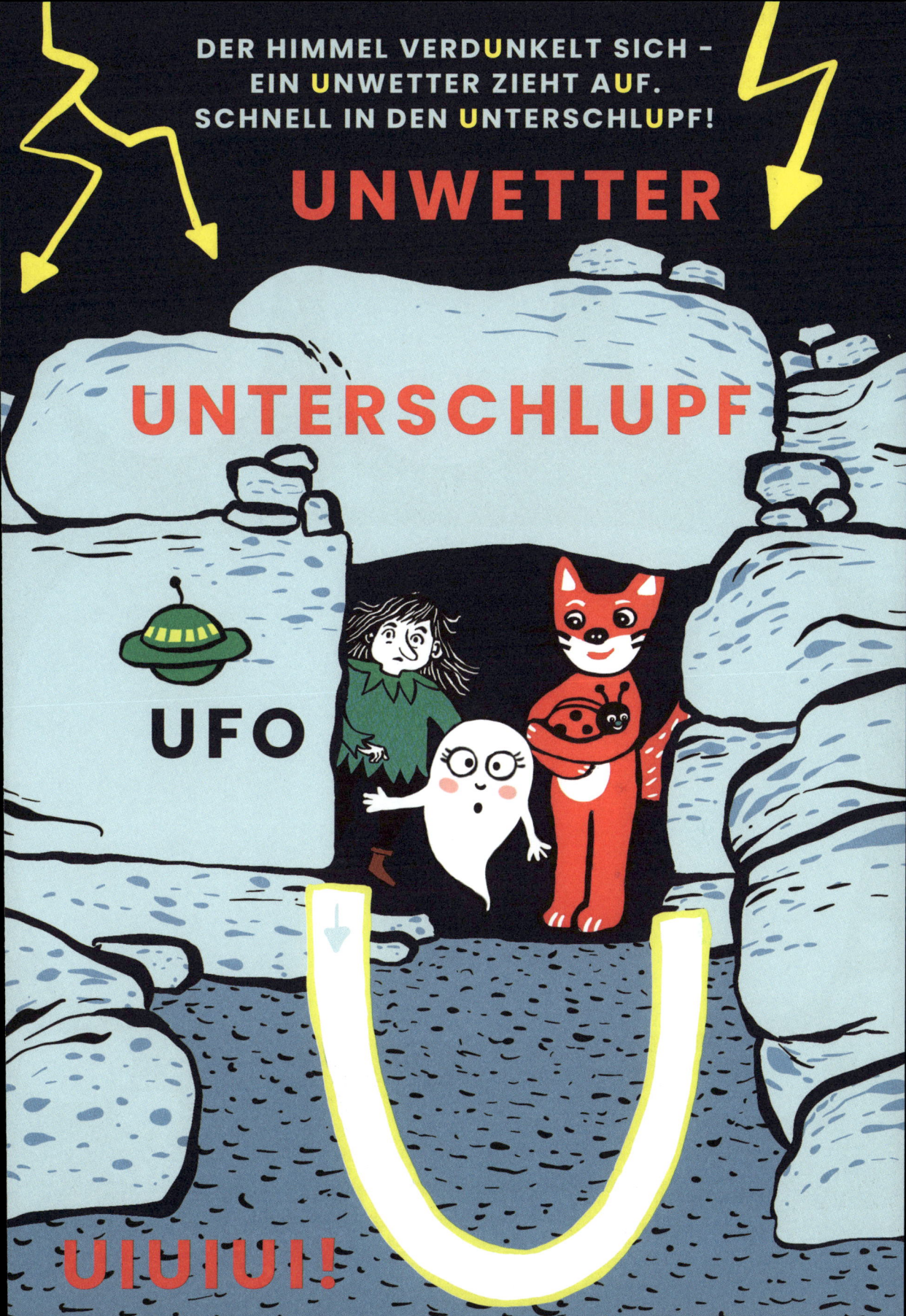

**AN DEN WÄNDEN ENTDECKEN PAULI, ELLA
UND MOMO HÖHLENMALEREIEN!
SIEH MAL, WIE AUS DEM U EIN MÄNNCHEN WIRD!
PROBIERE ES AUCH AUS.**

VÖGEL

VEILCHEN

DIE FAHRT GEHT WEITER BIS ZU EINER
VERWUNSCHENEN VULKANINSEL ...

VULKAN

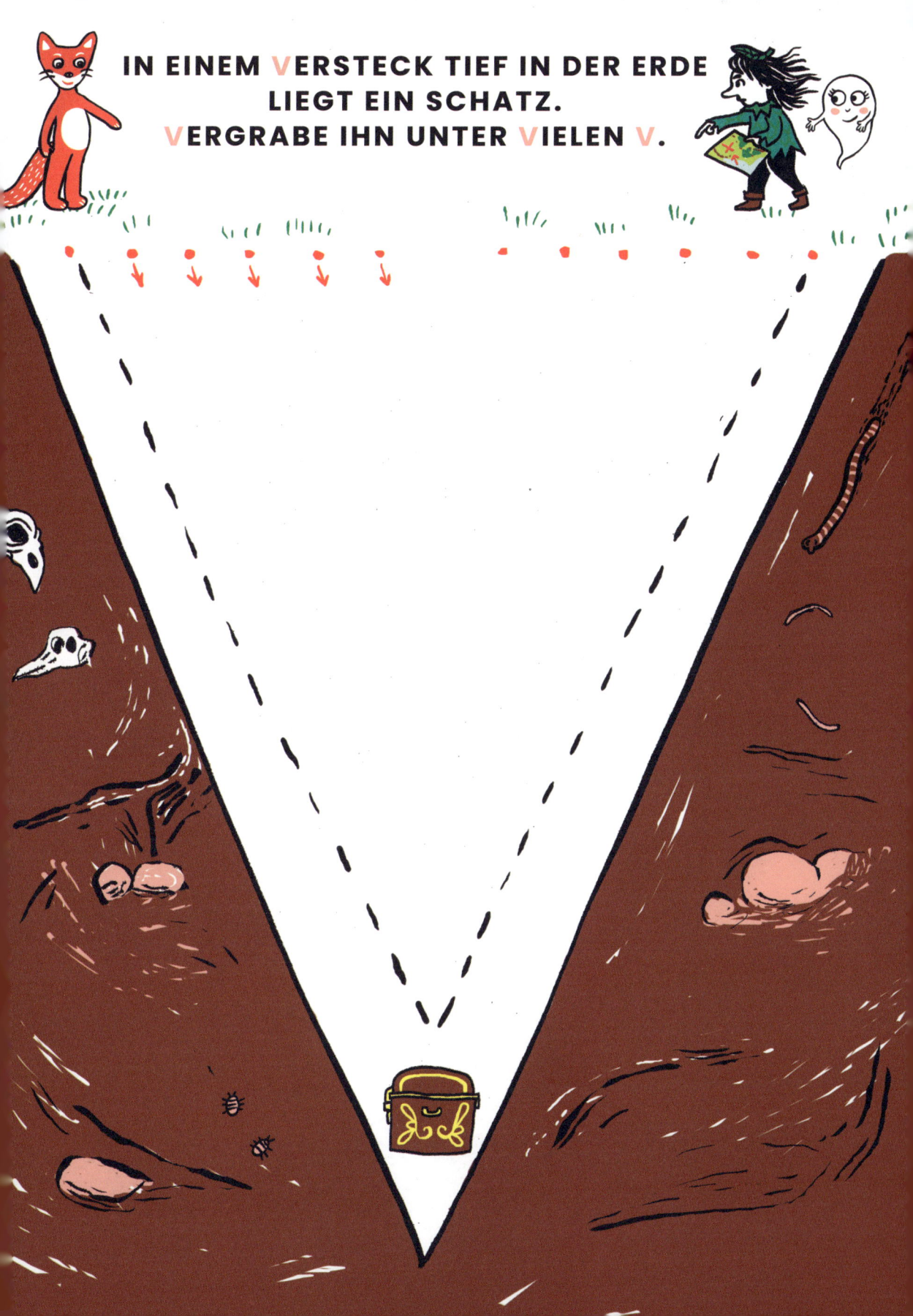

IN EINEM VERSTECK TIEF IN DER ERDE LIEGT EIN SCHATZ. VERGRABE IHN UNTER VIELEN V.

VAMPIRE!!!

VAMPIRE BEWACHEN DEN SCHATZ! ZEICHNE IHNEN ZÄHNE UND MAL NOCH DEINEN EIGENEN VAMPIR.

DIE GESICHTER DER VAMPIRE SIND SO **WEIß** WIE DER **W**ALD IM **W**INTER. PAULI, DAS GESPENST, KANN SICH IM SCHNEE GUT VERSTECKEN.

WEIß

WINTER

WOLF

WOW! AM WUNDERSCHÖNEN STERNENHIMMEL STEHT DAS STERNBILD KASSIOPEIA. ES SIEHT AUS WIE EIN GROßES W! ZEICHNE ES NACH.

WILDSCHWEIN

WINZIG

HIER KANNST DU DEN BUCHSTABEN W SCHREIBEN ÜBEN.

EIN **W**ASSERMANN SCHMÜCKT DEN **W**ALD.
HILFST DU IHM?

ZEICHNE DIE **W**IMPEL
NACH UND MALE
SIE AUS.

AN DER ALTEN EICHE HÄNGT EIN ZETTEL. WELCHE BUCHSTABEN KENNST DU SCHON? KREUZE SIE AN.

E
H
A
Z
L
M

YETI

PAULI, MOMO UND ELLA FOLGEN DEN WIMPELN UND EIN FREUNDLICHER YETI KOMMT MIT.

Kristina Brasseler, Judith Drews und Andrea Peter sind das Atelier Flora: drei Illustratorinnen, die in Berlin, Bern und Regensburg an Buchprojekten, Workshopkonzepten, Magazininhalten und Werbung arbeiten. Die im Atelier Flora entstandenen Projekte werden weltweit verlegt, ausgestellt und mit internationalen Awards ausgezeichnet.

Auch als Mitglied in nationalen und internationalen Jurys, als Lehrkraft und Workshopleitung engagiert sich das Atelier Flora.

IMPRESSUM
© Duden 2020 ABCD
Bibliographisches Institut GmbH,
Mecklenburgische Straße 53, 14197 Berlin

Redaktion Juliane von Laffert
Herstellung Maike Häßler
Texte, Illustrationen und Layout Atelier Flora
Kristina Brasseler, Judith Drews, Andrea Peter
Regensburg / Berlin / Bern
Umschlaggestaltung Atelier Flora
Kristina Brasseler, Judith Drews, Andrea Peter
Regensburg / Berlin / Bern
Druck und Bindung Heenemann GmbH & Co. KG,
Bessemerstraße 83–91, 12103 Berlin

ISBN 978-3-411-76210-1